GEKRUIDE EN GEÏNFUSEERDE KOFFIE OM THUIS TE BROUWEN

100 RECEPTEN OM THUIS TE BROUWEN

Bjorn Jacobs

Alle rechten voorbehouden.

Vrijwaring

De informatie in dit eBook is bedoeld als een uitgebreide verzameling strategieën waar de auteur van dit eBook onderzoek naar heeft gedaan. Samenvattingen, strategieën, tips en trucs zijn slechts aanbevelingen van de auteur, en het lezen van dit eBook garandeert niet dat de resultaten exact de resultaten van de auteur zullen weerspiegelen. De auteur van het eBook heeft alle redelijke inspanningen geleverd om actuele en nauwkeurige informatie aan de lezers van het eBook te verstrekken. De auteur en zijn medewerkers kunnen niet aansprakelijk worden gesteld voor eventuele onopzettelijke fouten of weglatingen. Het materiaal in het eBook kan informatie van derden bevatten. Materiaal van derden bestaat uit de meningen van de eigenaren ervan. Als zodanig aanvaardt de auteur van het eBook geen verantwoordelijkheid of aansprakelijkheid voor materiaal of meningen van derden. Of het nu komt door de vooruitgang van het internet, of door de onvoorziene veranderingen in het bedrijfsbeleid en de redactionele indieningsrichtlijnen, wat op het moment van dit schrijven als feit wordt vermeld, kan later verouderd of niet van toepassing zijn.

Op het eBook rust copyright © 202 4, waarbij alle rechten voorbehouden zijn. Het is illegaal om dit eBook geheel of gedeeltelijk te herdistribueren, kopiëren of er afgeleid werk van te maken. Geen enkel deel van dit rapport mag worden gereproduceerd of opnieuw verzonden in welke vorm dan ook zonder de schriftelijke, uitdrukkelijke en ondertekende toestemming van de auteur.

INHOUDSOPGAVE

INHOUDSOPGAVE..**4**
INVOERING..**8**
IJSKOFFIE..**10**
    1. IJSMOCHACCHINO.. 11
    2. AMANDEL IJSKOFFIE.. 13
    3. IJSKOFFIE MET KANEEL... 15
    4. KOFFIE IJS.. 17
    5. IJSCAFÉ AU LAIT... 19
    6. ROMIGE IJSKOFFIE.. 21
    7. BEVROREN GEKRUIDE KOFFIE..................................... 23

KOFFIE MET ALCOHOL..**26**
    8. RUM-KOFFIE.. 27
    9. KAHLUA IERSE KOFFIE.. 29
    10. BAILEY'S IERSE CAPPUCCINO................................... 31
    11. BRANDEWIJN KOFFIE... 33
    12. KAHLUA EN CHOCOLADESAUS.................................. 35
    13. HUISGEMAAKTE KOFFIELIKEUR................................. 37
    14. KAHLUA BRANDEWIJN KOFFIE.................................. 39
    15. LIMOEN TEQUILA ESPRESSO..................................... 41
    16. GEZOETE COGNACKOFFIE... 43
    17. KOFFIEFEESTJE... 45
    18. ZOETE ESDOORNKOFFIE... 47
    19. DUBLIN-DROOM.. 49
    20. DI SARONNO-KOFFIE... 51
    21. BAJA-KOFFIE.. 53
    22. PRALINÉ KOFFIE... 55

23. Praliné likeur...57
24. Amaretto Café'..59
25. Café Au Cin..61
26. Gekruide cappuccino..63
27. Gaelische koffie..65
28. Canadese koffie..67
29. Duitse koffie...69
30. Deense koffie..71
31. Ierse koffie Shooter Milkshake.......................................73
32. Goed oud Iers...75
33. Bushmills Ierse koffie..77
34. Sterke Ierse koffie...79
35. Romige Ierse koffie...81
36. Ouderwetse Ierse koffie...83
37. Lattetini..85

MOKKA..**87**

38. IJsmokka-cappuccino...88
39. Originele ijskoffie..90
40. Koffie met mokka-smaak...92
41. Pittige Mexicaanse mokka...94
42. Chocolade koffie...96
43. Pepermunt Mokka Koffie...98
44. Mokka Italiaanse espresso..100
45. Chocolade koffie...102
46. Chocolade Amaretto Koffie...104
47. Chocolade Munt Koffievlotter......................................106
48. Cacao Koffie...108
49. Cacao Hazelnoot Mokka...110
50. Chocolade Munt Koffie...112
51. Koffie verkeerd...114
52. Italiaanse koffie met chocolade...................................116
53. Halfzoete mokka...118

GEKRUIDE KOFFIE..120

54. ORANJE KRUIDEN KOFFIE..121
55. GEKRUIDE KOFFIECREAMER..123
56. KARDEMOM GEKRUIDE KOFFIE...125
57. CAFÉ DE OLA..127
58. VANILLE-AMANDELKOFFIE..129
59. ARABISCH JAVA...131
60. HONING KOFFIE...133
61. CAFÉ WENEN VERLANGEN..135
62. KANEEL GEKRUIDE KOFFIE..137
63. KANEEL-ESPRESSO...139
64. MEXICAANSE GEKRUIDE KOFFIE......................................141
65. VIETNAMESE EIERKOFFIE..143
66. TURKSE KOFFIE...145
67. POMPOEN GEKRUIDE LATTES...148
68. KARAMEL LATTE..151

FRAPPUCCINO EN CAPPUCINO..154

69. KARAMEL FRAPPUCCINO...155
70. FRAMBOZENFRAPPUCCINO..157
71. KOFFIE MILKSHAKE..159
72. MOKKA FRAPPE..161
73. INSTANT KARAMEL FRAPPUCCINO..................................163
74. MANGOFRAPPE...165
75. CAFÉ CAPPUCCINO...167
76. CAPPUCCINOSHAKE...169
77. ROMIGE CAPPUCCINO...171
78. BEVROREN CAPPUCCINO...173

FRUITIGE KOFFIE...175

79. FRAMBOZEN KOFFIE...176
80. KERST KOFFIE..178
81. RIJKE KOKOSKOFFIE...180

82. Chocolade Bananen Koffie 182
83. Koffie uit het Zwarte Woud 184
84. Maraschino-koffie 186
85. Chocolade Amandel Koffie 188
86. Koffie frisdrank 190
87. Weense koffie 192
88. Espresso Romano 194

KOFFIE MIXEN 196

89. Koffie verkeerd 197
90. Instant oranje cappuccino 199
91. Zwitserse stijl mokkamix 201
92. Instant romige Ierse koffie 203
93. Mokka koffiemix 205
94. Mokka oploskoffie 207
95. Weense koffiemix 209
96. Slaapmutsje Koffiemix 211
97. Cappuccinomix 213
98. Café Cappuccinomix 215
99. Louisiana Café met melk 217
100. West-Indische koffie 219

CONCLUSIE 221

INVOERING

Waarom houden we zo veel van koffie? Nou ja, nog afgezien van het feit dat het superlekker is!

Een dampende kop koffie is het eerste waar miljoenen mensen elke ochtend naar grijpen en er zijn talloze redenen waarom deze mensen dit dagelijks doen. De cafeïne erin speelt twee rollen in de reden waarom mensen koffie drinken. Ten eerste helpt de cafeïne in koffie het bloed van mensen in beweging te brengen en zorgt ervoor dat ze zich energiek voelen. Werknemers in de vroege ochtend zijn vaak afhankelijk van hun koffie om hun werkdag door te komen.

De andere reden dat cafeïne een reden is dat mensen koffie drinken, is dat het verslavend is. Er zitten veel chemicaliën in koffie die bijdragen aan de verslavende eigenschappen, en cafeïne is de belangrijkste. Het terugtrekken van cafeïne kan hoofdpijn en prikkelbaarheid veroorzaken en veel mensen geven er de voorkeur aan hun koffie niet op te geven.

Koffie is een zeer sociale drank geworden die qua populariteit vergelijkbaar is met alcohol. De ochtenden in het plaatselijke koffiehuis zijn de ideale plek om rond te hangen met vrienden of elkaar te ontmoeten om zaken te bespreken. Mensen hebben de neiging om koffie te drinken op deze bijeenkomsten, of ze het nu lekker vinden of niet, wat hen uiteindelijk helpt de smaak ervoor te ontwikkelen en dan wordt het verslavend.

Koffiedrinkers zeggen dat ze koffie drinken om te ontspannen. Hoewel dit misschien een contradictio in terminis lijkt, gezien het feit dat koffie een stimulerend middel is, kan een hete kop cafeïnevrije koffie of, voor sommige mensen, zelfs gewone koffie, de zintuigen ontspannen en hen helpen ontspannen en hun zenuwen kalmeren. Onderzoekers schrijven het kalmerende effect toe aan de stimulatie van de zintuigen, wat helpt bij creativiteit en mentale prikkels, wat op zijn beurt helpt sommige mensen te kalmeren.

IJSKOFFIE

1. Ijsmochacchino

Ingrediënten:
- 1/2 kop Gebrouwen espresso, gekoeld
- 6 Eetlepels Chocoladesiroop
- 1 Eetlepels Suiker
- 1/2 kop Melk
- 1 kopje vanille-ijs of bevroren yoghurt
- 1/4 kop Zware room, zacht opgeklopt

Routebeschrijving

a) Doe de espresso, chocoladesiroop, suiker en melk in een blender en mix tot een geheel.

b) Voeg het ijs of de yoghurt toe en mix tot een gladde massa.

c) Giet het mengsel in twee gekoelde glazen en garneer elk met slagroom en chocoladekrullen of een laagje kaneel of cacao.

2. Amandel ijskoffie

Ingrediënten:
- 1 kopje sterke gezette koffie
- 1 kopje magere melk
- 1/2 theelepel vanille-extract
- 1/2 theelepel amandelextract
- 1 theelepel suiker
- Kaneel voor garnering
- Dessert-topping

Routebeschrijving

a) Combineer 1 kopje sterke koffie met 1 kopje magere melk, het vanille-extract, het amandelextract en de suiker.
b) Giet in met ijs gevulde glazen van 2 - 10 ounce
c) Garneer met de kaneel.

3. Ijskoffie met kaneel

Ingrediënten:
- 4 kopjes sterke koffie (gebruik 2 tot 4 theelepels instant op 1 kopje kokend water
- 1 7,5 cm kaneelstokje, in kleine stukjes gebroken
- 1/2 kop Zware room
- Koffiesiroop-siropen zijn er in vele smaken. Vanille zou de kaneel aanvullen.

Routebeschrijving

a) Giet hete koffie over kaneelstukjes; dek af en laat ongeveer 1 uur staan.
b) Kaneel verwijderen en roer de room erdoor. Koel grondig.
c) Om te serveren, giet het in met ijs gevulde glazen. Roer de gewenste hoeveelheid koffiesiroop erdoor.
d) Indien gewenst, bovenaan met gezoete slagroom en bestrooi met gemalen kaneel. Gebruik kaneelstokjes als roerstaafjes.

4. Koffie ijs

Ingrediënten:
- 2 kopjes gezette espresso
- 1/4 kopje suiker
- 1/2 theelepel Gemalen kaneel

Routebeschrijving
a) Laat alle ingrediënten in een pan op middelhoog vuur sudderen, zodat ze oplossen.
b) Doe het mengsel in een metalen schaal, dek af en vries gedurende minstens 5 uur in, terwijl u het buitenste bevroren mengsel erdoor roert midden elk half uur, tot het stevig maar niet stevig bevroren is.
c) Vlak voor het serveren het mengsel met een vork schrapen om de textuur lichter te maken. Voor 4 (1/2 kop) porties.

5. IJscafé Au Lait

Ingrediënten:
- 2 1/4 koude, vers gezette koffie
- 2 kopjes Melk
- 2 kopjes gemalen ijs
- Suiker naar smaak

Routebeschrijving
a) Meng alle ingrediënten in een blender.
b) Voeg suiker toe en blijf mixen tot het schuimig is.
c) Giet over ijs
d) Serveer onmiddellijk.

6. Romige ijskoffie

Ingrediënten:
- 1 kopje gekoelde, sterk gezette koffie
- 2 afgeronde eetlepels banketbakkerssuiker
- 3 kopjes Gehakt ijs

Routebeschrijving
a) Combineer de koffie, suiker en ijs
b) Meng tot romig

7. Bevroren gekruide koffie

Voor 4 kopjes

Ingrediënten

- 1/2 kop grof gemalen koffie
- 4 kopjes water op kamertemperatuur
- 1 kaneelstokje
- 1 hele nootmuskaat, gebroken
- Melk of room, om te serveren
- Honing of suiker, om te serveren

Routebeschrijving

a) Maal de koffie grof. Gebruik een hamer om het kaneelstokje en de hele nootmuskaat lichtjes te verpletteren.
b) Voeg in een grote container koffie en kruiden en water op kamertemperatuur of licht warm water toe. Roer door elkaar en laat minimaal 4 uur trekken, of bij voorkeur een hele nacht.
c) Zeef de koffie met een Franse pers of laat hem door een filter uitlekken.

d) Giet de koffie over ijs en voeg eventueel wat zoetstof en/of room of melk toe. Maar hij is ook geweldig zwart!

KOFFIE MET ALCOHOL

8. Rum-koffie

Ingrediënten:
- 12 oz. Versgemalen koffie, bij voorkeur chocolademunt of Zwitserse chocolade
- 2 oz. Of meer 151 Rum
- 1 Grote schep slagroom
- 1 ons. Baileys Ierse Crème
- 2 Eetlepels Chocoladesiroop

Routebeschrijving

a) Maal de koffie vers.
b) Brouwen.
c) Doe de 2+ oz in een grote mok. van 151 rum op de bodem.
d) Giet de hete koffie tot 3/4 van de hoogte in de mok.
e) Voeg de Bailey's Irish Cream toe.
f) Roeren.
g) Bestrijk met de verse slagroom en besprenkel met de chocoladesiroop.

9. Kahlua Ierse koffie

Ingrediënten:
- 2 oz. Kahlua of koffielikeur
- 2 oz. Ierse whisky
- 4 kopjes warme koffie
- 1/4 kop Slagroom, opgeklopt

Routebeschrijving

a) Giet een halve ounce koffielikeur in elk kopje. Voeg aan elk een halve ounce Ierse whisky toe

b) beker. Giet er vers gezette hete koffie bij en roer. Schep twee hoopjes

c) eetlepel slagroom bovenop elk. Serveer warm, maar niet zo heet dat je lippen verschroeien.

10. Bailey's Ierse cappuccino

Ingrediënten:
- 3 ons. Bailey's Irish Cream
- 5 oz. Hete koffie -
- Ingeblikte desserttopping
- 1 scheutje Nootmuskaat

Routebeschrijving
a) Giet Bailey's Irish Cream in een koffiemok.
b) Vul met hete zwarte koffie. Werk af met een enkele spray desserttopping.
c) Bestrooi de desserttopping met een scheutje nootmuskaat

11. Brandewijn koffie

Ingrediënten:
- 3/4 kopje hete sterke koffie
- 2 ons cognac
- 1 theelepel suiker
- 2 ons zware room

Routebeschrijving
a) Giet de koffie in een hoge mok. Voeg de suiker toe en roer om op te lossen.
b) Voeg de brandewijn toe en roer opnieuw. Giet de room, terwijl u deze vasthoudt, over de achterkant van een theelepel, iets boven de bovenkant van de koffie in het kopje. Hierdoor kan het drijven.
c) Dienen.

12. Kahlua en chocoladesaus

Ingrediënten:

- 6 kopjes Hete koffie
- 1 kopje chocoladesiroop
- 1/4 kop Kahlua
- $\frac{1}{8}$ theelepel Gemalen kaneel
- Slagroom

Routebeschrijving

a) Combineer koffie, chocoladesiroop, Kahlua en kaneel in een grote container; goed roeren.
b) Serveer onmiddellijk. Top met slagroom.

13. Huisgemaakte koffielikeur

Ingrediënten:
- 4 kop suiker
- 1/2 kopje oploskoffie - gebruik gefilterd water
- 3 kopjes water
- 1/4 theelepel Zout
- 1 1/2 kopje wodka, high-proof
- 3 Eetlepels Vanille

Routebeschrijving

a) Combineer suiker en water; kook tot de suiker oplost. Zet het vuur laag om te laten sudderen en laat sudderen 1 uur.
b) LATEN AFKOELEN.
c) Roer de wodka en vanille erdoor.

14. Kahlua Brandewijn Koffie

Ingrediënten:
- 1 ons Kahlua
- 1/2 ons cognac
- 1 kopje warme koffie
- Slagroom als topping

Routebeschrijving
a) Voeg Kahlua en cognac toe aan de koffie
b) Garneer met de slagroom

15. Limoen Tequila Espresso

Ingrediënten:
- Dubbele shot espresso
- 1 shot witte tequila
- 1 verse limoen

Routebeschrijving
a) Laat een schijfje limoen langs de rand van een espressoglas lopen.
b) Giet een dubbele shot espresso over ijs.
c) Voeg een enkele shot witte tequila toe
d) Dienen

16. Gezoete cognackoffie

Ingrediënten:
- 1 kop vers gezette koffie
- 1 ons. Koffie Likeur
- 1 theelepel chocoladesiroop
- 1/2 oz. Brandewijn
- 1 scheutje kaneel
- Zoete Slagroom

Routebeschrijving
a) Combineer koffielikeur, cognac, chocoladesiroop en kaneel in een mok. Vul met vers gezette koffie.
b) Top met slagroom.

17. Koffiefeestje

Ingrediënten:
- 3 kopjes Zeer hete cafeïnevrije koffie
- 2 eetlepels suiker
- 1/4 kopje lichte of donkere rum

Routebeschrijving
a) Combineer zeer hete koffie, suiker en rum in een verwarmde pot.
b) Verdubbel indien nodig.

18. Zoete Esdoornkoffie

Ingrediënten:
- 1 kopje Half en half
- 1/4 kop Ahornsiroop
- 1 kop Heet gezette koffie
- Gezoete slagroom

Routebeschrijving

a) Kook half om half en ahornsiroop in een pan op middelhoog vuur. Voortdurend roeren, tot het grondig is verwarmd. Laat het mengsel niet koken.

b) Roer de koffie erdoor en serveer met gezoete slagroom.

19. Dublin-droom

Ingrediënten:

- 1 Eetlepels Oploskoffie
- 1 1/2 Eetlepels Instant warme chocolademelk
- 1/2 oz. Ierse roomlikeur
- 3/4 kopje kokend water
- 1/4 kopje slagroom

Routebeschrijving

a) Doe alle ingrediënten behalve de slagroom in een Irish Coffee-glas.
b) Roer tot alles goed gemengd is en garneer met slagroom.

20. Di Saronno-koffie

Ingrediënten:
- 1 ons. De saronno amaretto
- 8 Oz. Koffie
- Slagroom

Routebeschrijving
a) Meng Di Saronno Amaretto met koffie en bestrijk met slagroom.
b) Serveer in een Ierse koffiemok.

21. Baja-koffie

Ingrediënten:
- 8 kopjes Heet water
- 3 Eetlepels Oploskoffiekorrels
- 1/2 kopje koffielikeur
- 1/4 kopje Crème de Cacao-likeur
- 3/4 kopje slagroom
- 2 Eetlepels Halfzoete chocolade, geraspt

Routebeschrijving
a) Combineer heet water, koffie en likeuren in de slowcooker.
b) Dek af en verwarm op LAAG 2-4 uur. Schep in mokken of hittebestendige glazen.
c) Werk af met slagroom en geraspte chocolade.

22. Praliné koffie

Ingrediënten:
- 3 kopjes Heet gezette koffie
- 3/4 kopjes Half en half
- 3/4 kopjes Stevig verpakte bruine suiker
- 2 Eetlepels Boter of margarine
- 3/4 kop Pralinelikeur
- Gezoete slagroom

Routebeschrijving

a) Kook de eerste 4 ingrediënten in een grote pan op middelhoog vuur, onder voortdurend roeren, tot ze goed verwarmd zijn, niet koken.

b) Roer de likeur erdoor; serveer met gezoete slagroom.

23. Praliné likeur

Ingrediënten:
- 2 kopjes Donkerbruine Suiker-stevig verpakt
- 1 kopje witte suiker
- 2 1/2 kopjes water
- 4 kopjes Pecannootstukjes
- 4 vanillebonen in de lengte gespleten
- 4 kopjes wodka

Routebeschrijving

a) Combineer bruine suiker, witte suiker en water in een pan op middelhoog vuur, tot het mengsel begint te koken. Zet het vuur lager en laat 5 minuten sudderen.

b) Doe de vanillebonen en pecannoten in een grote glazen pot (dit levert 4 1/2 kopjes op). Giet het hete mengsel in de pot en laat afkoelen. Voeg wodka toe.

c) Dek het goed af en bewaar het op een donkere plaats. Draai de pot de komende 2 weken elke dag om, zodat alle ingrediënten gecombineerd blijven. Na 2 weken het mengsel zeven en de vaste stoffen weggooien.

24. Amaretto Café'

Ingrediënten:
- 1 1/2 kopjes warm water
- 1/3 kopje Amaretto
- 1 eetlepels oploskoffiekristallen
- Slagroom topping

Routebeschrijving
a) Roer water en oploskoffiekristallen door elkaar in een magnetronbestendige schaal.
b) Magnetron onafgedekt, op 100% vermogen gedurende ongeveer 3 minuten of gewoon tot het stomend heet is.
c) Roer de Amaretto erdoor. Serveer in helderglazen mokken. Bestrijk elke mok koffiemengsel met wat desserttopping.

25. Café Au Cin

Ingrediënten:
- 1 kop Koude Sterke Franse gebrande koffie
- 2 Eetlepels Kristalsuiker
- scheutje kaneel
- 2 oz. Getaande haven
- 1/2 theelepel Geraspte sinaasappelschil

Routebeschrijving
a) Combineer en mix in een blender op hoge snelheid.
b) Giet in gekoelde wijnglazen.

26. Gekruide cappuccino

Ingrediënten:
- 1/2 kop Half en half
- 1/2 kop Vers gezette espresso
- 2 eetlepels cognac
- 2 Eetlepels Witte rum
- 2 Eetlepels Donkere crème de cacao
- Suiker

Routebeschrijving

a) Klop de helft en de helft in een kleine pan op hoog vuur tot het schuimig wordt, ongeveer 3 minuten.
b) Verdeel de espressokoffie over 2 kopjes. Voeg de helft van de cognac en de helft van de crème de cacao toe aan elk kopje.
c) Opnieuw half om half kloppen en in kopjes gieten.
d) Suiker is optioneel

27. Gaelische koffie

Ingrediënten:
- Zwarte koffie; vers gemaakt
- Schotse whisky
- Ruwe bruine suiker
- Echte slagroom; opgeklopt tot een beetje dik

Routebeschrijving
a) Giet de koffie in een verwarmd glas.
b) Voeg naar smaak de whisky en bruine suiker toe. Goed roeren.
c) Giet wat licht opgeklopte room in het glas over de achterkant van een theelepel, net boven de bovenkant van de vloeistof in het kopje.
d) Het moet een beetje drijven.

28. Canadese koffie

Ingrediënten:
- 1/4 kopje ahornsiroop; zuiver
- 1/2 kop Roggewhisky
- 3 kopjes koffie; heet, zwart, dubbele sterkte

Topping:
- 3/4 kop slagroom
- 4 theelepels pure ahornsiroop

Routebeschrijving

a) Topping - Klop de 3/4 kop slagroom met de 4 theelepels ahornsiroop tot er een zachte heuvel ontstaat.
b) Verdeel de ahornsiroop en whisky over 4 voorverwarmde, hittebestendige glazen mokken.
c) Giet de koffie tot 2,5 cm vanaf de bovenkant.
d) Schep de topping over de koffie.
e) Dienen

29. Duitse koffie

Ingrediënten:
- 1/2 ounce kersenbrandewijn
- 5 ons verse zwarte koffie
- 1 theelepel suikerslagroom
- Maraschino-kers

Routebeschrijving
a) Giet de koffie en de kersenbrandewijn in een koffiekopje en voeg de suiker toe om het zoeter te maken.
b) Werk af met slagroom en een marasquinkers.

30. Deense koffie

Ingrediënten:
- 8 c Hete koffie
- 1 c Donkere rum
- 3/4 c Suiker
- 2 Kaneelstokjes
- 12 kruidnagels (heel)

Routebeschrijving
a) Meng alle ingrediënten in een zeer grote, zware pan, dek af en laat ongeveer 2 uur op laag vuur staan.
b) Serveer in koffiemokken.

31. Ierse koffie Shooter Milkshake

Ingrediënten:
- 1/2 kopjes magere melk
- 1/2 kopjes gewone magere yoghurt
- 2 theelepel suiker
- 1 theelepel oploskoffiepoeder
- 1 theelepel Ierse whisky

Routebeschrijving
a) Doe alle ingrediënten in een blender op lage snelheid.
b) Blend totdat je ziet dat je ingrediënten in elkaar zijn verwerkt.
c) Gebruik een hoog schudglas voor de presentatie.

32. Goed oud Iers

Ingrediënten:
- 1,5 ons Ierse roomlikeur
- 1,5 ons Ierse whisky
- 1 kop warme gezette koffie
- 1 Eetlepels slagroom
- 1 scheutje nootmuskaat

Routebeschrijving
a) Combineer Irish cream en The Irish Whiskey in een koffiemok.
b) Vul mok met koffie. Top af met een toefje slagroom.
c) Garneer met een snufje nootmuskaat.

33. Bushmills Ierse koffie

Ingrediënten:
- 1 1/2 ounces Bushmills Ierse whisky
- 1 theelepel bruine suiker (optioneel)
- 1 scheutje Crème de menthe, groen
- Extra sterke verse koffie
- Slagroom

Routebeschrijving

a) Giet de whisky in het Irish Coffee-kopje en vul het tot 1/2 inch vanaf de bovenkant met koffie. Voeg suiker naar smaak toe en meng. Werk af met slagroom en besprenkel met crème de menthe.

b) Doop de rand van het kopje in suiker om de rand te bedekken.

34. Sterke Ierse koffie

Ingrediënten:
- 1 kopje sterke koffie
- 1 1/2 oz. Ierse whisky
- 1 theelepel suiker
- 1 Eetlepels Slagroom

Routebeschrijving
a) Meng koffie, suiker en whisky in een grote magnetronbestendige mok.
b) Magnetron op hoge stand 1 tot 2 min. Top met slagroom
c) Voorzichtig bij het drinken, het kan even duren om af te koelen.

35. Romige Ierse koffie

Ingrediënten:
- 1/3 kopje Ierse roomlikeur
- 1 1/2 kopjes vers gezette koffie
- 1/4 kopje zware room, licht gezoet en opgeklopt

Routebeschrijving
a) Verdeel de likeur en de koffie over 2 mokken.
b) Top met slagroom.
c) Dienen.

36. Ouderwetse Ierse koffie

Ingrediënten:

- 3/4 kopje warm water
- 2 eetlepels Ierse whisky
- Dessert-topping
- 1 1/2 lepels Instantkoffiekristallen
- Bruine suiker naar smaak

Routebeschrijving

a) Combineer water en oploskoffiekristallen. Magnetron, onbedekt, aan

b) 100% vermogen ongeveer 1 1/2 minuut of gewoon tot stomend heet. Roer de Ierse whisky en bruine suiker erdoor.

37. Lattetini

Ingrediënten:
- 1 deel Roomlikeur
- 1½ deel wodka

Routebeschrijving
a) Schud met ijs en zeef in een martiniglas

b) Genieten

MOKKA

38. IJsmokka-cappuccino

Ingrediënten:
- 1 Eetlepels Chocoladesiroop
- 1 kopje Hete dubbele espresso of zeer sterke koffie
- 1/4 kop Half en half
- 4 ijsblokjes

Routebeschrijving
a) Roer de chocoladesiroop door de hete koffie tot deze gesmolten is. Meng de koffie in een blender met de half-en-half en de ijsblokjes.
b) Meng op hoge snelheid gedurende 2 tot 3 minuten.
c) Serveer onmiddellijk in een hoog, koud glas.

39. Originele ijskoffie

Ingrediënten:
- 1/4 kopje koffie; instant, regulier of cafeïnevrij
- 1/4 kopje suiker
- 1 liter koude melk

Routebeschrijving
a) Los oploskoffie en suiker op in heet water. Roer 1 liter koude melk erdoor en voeg ijs toe. Voor mokka-smaak gebruik je chocolademelk en voeg je suiker naar smaak toe.
b) Los 1 eetlepel oploskoffie en 2 theelepel suiker op in 1 eetlepel heet water.
c) Voeg 1 kopje koude melk toe en roer.
d) Je kunt zoeten met een zoetstof met weinig calorieën in plaats van suiker

40. Koffie met mokka-smaak

Ingrediënten:
- 1/4 kopje Niet-zuivel creamer droog
- 1/3 kopje suiker
- 1/4 kop Droge oploskoffie
- 2 Eetlepels cacao

Routebeschrijving
a) Doe alle ingrediënten in de mixer, klop op de hoogste stand tot alles goed gemengd is. Meng 1 1/2 eetlepels met een kop heet water.
b) Bewaar in een luchtdichte pot. Zoals een inmaakpot.

41. Pittige Mexicaanse mokka

Ingrediënten:
- 6 ons sterke koffie
- 2 eetlepels poedersuiker
- 1 Eetlepels Ongezoet gemalen chocoladepoeder
- 1/4 theelepel Vietnamese cassiakaneel
- 1/4 theelepel Jamaicaanse piment
- 1/8 theelepel Cayennepeper
- 1-3 eetlepels slagroom of half om half

Routebeschrijving

a) Meng alle droge ingrediënten in een kleine kom.
b) Giet de koffie in een grote mok en roer het cacaomengsel erdoor tot een gladde massa.
c) Voeg vervolgens de room naar smaak toe.

42. Chocolade koffie

Ingrediënten:
- 2 Eetlepels Oploskoffie
- 1/4 kopje suiker
- 1 scheutje zout
- 1 ons. Vierkantjes ongezoete chocolade
- 1 kopje Water
- 3 kopjes melk
- Slagroom

Routebeschrijving

a) Meng in een pan koffie, suiker, zout, chocolade en water; roer op laag vuur tot de chocolade is gesmolten. Laat 4 minuten sudderen, onder voortdurend roeren.

b) Voeg geleidelijk de melk toe, onder voortdurend roeren, tot het verwarmd is.

c) Als het gloeiend heet is, haal het dan van het vuur en klop met de roterende klopper tot het mengsel schuimig is.

d) Giet in kopjes en strijk een klodder slagroom op het oppervlak van elk kopje.

43. Pepermunt Mokka Koffie

Ingrediënten:
- 6 kopjes vers gezette koffie
- 1 1/2 kopjes melk
- 4 ons halfzoete chocolade
- 1 theelepel pepermuntextract
- 8 Pepermuntstokjes

Routebeschrijving
a) Doe de koffie, melk en chocolade in een grote pan op laag vuur gedurende 5-7 minuten of tot de chocolade is gesmolten, het mengsel is opgewarmd en roer af en toe.
b) Roer het pepermuntextract erdoor
c) Giet in mokken
d) Garneer met een pepermuntstokje

44. Mokka Italiaanse espresso

Ingrediënten:
- 1 kopje oploskoffie
- 1 kopje suiker
- 4 1/2 kopjes magere droge melk
- 1/2 kopje cacao

Routebeschrijving
a) Roer alle ingrediënten door elkaar.
b) Verwerk in een blender tot poeder.
c) Gebruik 2 eetlepels voor een klein kopje heet water.
d) Serveer in espressokopjes
e) Voor ongeveer 7 kopjes mix
f) Bewaar in een goed sluitende pot met deksel.
g) Inmaakpotten werken goed voor het bewaren van koffie.

45. Chocolade koffie

Ingrediënten:
- 1/4 kop Instant-espresso
- 1/4 kop Instant cacao
- 2 kopjes Kokend water - het is het beste om gefilterd water te gebruiken
- Slagroom
- Fijn geraspte sinaasappelschil of gemalen kaneel

Routebeschrijving

a) Combineer koffie en cacao. Voeg kokend water toe en roer om op te lossen. Giet in demitasse-kopjes. Bestrijk elke portie met slagroom, geraspte sinaasappelschil en een scheutje kaneel.

46. Chocolade Amaretto Koffie

Ingrediënten:
- Amaretto-koffiebonen
- 1 Eetlepels Vanille-extract
- 1 theelepel amandelextract
- 1 theelepel cacaopoeder
- 1 theelepel suiker
- Slagroom om te garneren

Routebeschrijving
a) Koffie zetten.
b) Voeg vanille- en amandelextract, 1 theelepel cacao en 1 theelepel suiker per kopje toe.
c) Garneer met slagroom

47. Chocolade Munt Koffievlotter

Ingrediënten:
- 1/2 kopje warme koffie
- 2 Eetlepels Crème de Cacao Likeur
- 1 bolletje muntchocoladechipsijs

Routebeschrijving
a) Combineer voor elke portie 1/2 kopje koffie en 2 eetlepels
b) s van de likeur.
c) Top af met een bolletje ijs.

48. Cacao Koffie

Ingrediënten:
- 1/4 kopje poedervrije melkcreamer
- 1/3 kopje suiker
- 1/4 kopje droge oploskoffie
- 2 Eetlepels Cacao

Routebeschrijving
a) Doe alle ingrediënten in een blender, mix op de hoogste stand tot alles goed gemengd is.
b) Bewaar in een luchtdichte inmaakpot.
c) Meng 1 1/2 eetlepel met 3/4 kopje heet water

49. Cacao Hazelnoot Mokka

Ingrediënten:
- 3/4 oz. Kahlua

- 1/2 kopje warme hazelnootkoffie

- 1 theelepel Nestlé Snel
- 2 Eetlepels half en half

Routebeschrijving
a) Combineer alle ingrediënten in je favoriete cu .
b) Roeren

50. Chocolade Munt Koffie

Ingrediënten:
- 1/3 kopje gemalen koffie
- 1 theelepel chocolade-extract
- 1/2 theelepel muntextract
- 1/4 theelepel vanille-extract

Routebeschrijving
a) Doe de koffie in de blender.
b) Combineer extracten in een kopje, voeg extracten toe aan koffie.
c) Verwerk tot het gemengd is, slechts een paar seconden.
d) Gekoeld bewaren

51. Koffie verkeerd

Ingrediënten:
- 2 kopjes melk
- 1/2 kop Zware room
- 6 kopjes Louisiana-koffie

Routebeschrijving
a) Combineer melk en room in een pan; breng het geheel aan de kook (er vormen zich belletjes rond de rand van de pan) en haal het dan van het vuur.
b) Giet een kleine hoeveelheid koffie in elk koffiekopje.
c) Giet de resterende koffie en het hete melkmengsel bij elkaar tot de kopjes voor ongeveer 3/4 vol zijn.
d) Magere melk kan worden vervangen door volle melk en room.

52. Italiaanse koffie met chocolade

Ingrediënten:
- 2 kopjes hete sterke koffie
- 2 kopjes warme traditionele cacao - probeer het merk Hershey's
- Slagroom
- Geraspte sinaasappelschil

Routebeschrijving

a) Combineer 1/2 kopje koffie en 1/2 kopje cacao in elk van de 4 mokken.

b) Top met slagroom; bestrooi met geraspte sinaasappelschil.

53. Halfzoete mokka

Ingrediënten:
- 4 Oz. Halfzoete chocolade
- 1 Eetlepels Suiker
- 1/4 kopje slagroom
- 4 kopjes hete sterke koffie
- Slagroom
- Geraspte sinaasappelschil

Routebeschrijving
a) Smelt de chocolade in een zware pan op laag vuur.
b) Roer de suiker en de slagroom erdoor.
c) Klop de koffie erdoor met een garde, 1/2 kopje per keer; ga door tot het schuimt.
d) Bestrijk met slagroom en bestrooi met geraspte sinaasappelschil.

GEKRUIDE KOFFIE

54. Oranje Kruiden Koffie

Ingrediënten:
- 1/4 kop Gemalen koffie
- 1 Eetlepels Geraspte sinaasappelschil
- 1/2 theelepel Vanille-extract
- 1 1/2 Kaneelstokjes

Routebeschrijving
a) Doe de koffie en de sinaasappelschil in een blender of keukenmachine.
b) Stop de processor lang genoeg om de vanille toe te voegen.
c) Verwerk nog 10 seconden.
d) Doe het mengsel samen met de kaneelstokjes in een glazen kan en zet in de koelkast.

55. Gekruide koffiecreamer

Ingrediënten:
- 2 kopjes Nestlé's snel
- 2 kopjes koffiecreamer in poedervorm
- 1/2 kopjes Poedersuiker
- 3/4 theelepel kaneel
- 3/4 theelepel Nootmuskaat

Routebeschrijving

a) Meng alle ingrediënten door elkaar en bewaar in een luchtdichte pot.

b) Meng 4 theelepels met een kopje heet water

56. Kardemom gekruide koffie

Ingrediënten:
- 3/4 kopje gemalen koffie
- 2 2/3 kopjes water
- Gemalen kardemom
- 1/2 kopje gezoete gecondenseerde melk

Routebeschrijving
a) Zet koffie in een druppel- of percolatorkoffiezetapparaat.
b) Giet in 4 kopjes.
c) Voeg aan elke portie een scheutje kardemom en 2 eetlepels gecondenseerde melk toe.
d) Roeren
e) Dienen

57. Café de Ola

Ingrediënten:
- 8 kopjes gefilterd water
- 2 kleine kaneelstokjes
- 3 Hele Kruidnagelen
- 4 ons donkerbruine suiker
- 1 vierkant halfzoete chocolade of Mexicaanse chocolade
- 4 ons gemalen koffie

Routebeschrijving

a) Breng het water aan de kook.

b) Voeg de kaneel, kruidnagel, suiker en chocolade toe.

c) Breng opnieuw aan de kook en schep eventueel schuim af.

d) Zet het vuur laag en laat het NIET KOKEN

e) Voeg de koffie toe en laat 5 minuten trekken.

58. Vanille-amandelkoffie

Ingrediënten:
- 1/3 kop gemalen koffie
- 1 theelepel vanille-extract
- 1/2 theelepel amandelextract
- 1/4 theelepel anijszaad

Routebeschrijving
a) Doe de koffie in een blender
b) Combineer de overige ingrediënten in een aparte kop
c) Voeg het extract en de zaden toe aan de koffie in de blender
d) Verwerk tot gecombineerd
e) Gebruik het mengsel zoals gewoonlijk bij het zetten van koffie
f) Maakt porties van 8-6 ounces
g) Bewaar ongebruikte porties in de koelkast

59. Arabisch Java

Ingrediënten:
- 1 pint gefilterd water
- 3 Eetlepels koffie
- 3 eetlepels suiker
- 1/4 theelepel kaneel
- 1/4 theelepel kardemom
- 1 theelepel vanille of vanillesuiker

Routebeschrijving

a) Meng alle ingrediënten in een pan en verwarm tot er schuim bovenop komt.
b) Ga niet door een filter.
c) Roer voor het serveren

60. Honing Koffie

Ingrediënten:
- 2 kopjes verse koffie
- 1/2 kopje melk
- 4 eetlepels honing
- 1/8 theelepel kaneel
- Dash nootmuskaat of piment
- Druppel of 2 vanille-extract

Routebeschrijving
a) Verwarm de ingrediënten in een pan, maar kook niet.
b) Roer goed om de ingrediënten te combineren.
c) Een heerlijke dessertkoffie.

61. Café Wenen Verlangen

Ingrediënten:
- 1/2 kop Instantkoffie
- 2/3 kopje suiker
- 2/3 kopje magere melk
- 1/2 theelepel kaneel
- 1 snufje kruidnagel - naar smaak aanpassen
- 1 snufje piment - naar smaak aanpassen
- 1 snufje nootmuskaat - naar smaak aanpassen

Routebeschrijving
a) Meng alle ingrediënten door elkaar
b) Gebruik een blender om het tot een zeer fijn poeder te mengen. Gebruik 1 eetlepel per mok van heet gefilterd water.

62. Kaneel gekruide koffie

Ingrediënten:
- 1/3 kop Instantkoffie
- 3 eetlepels suiker
- 8 Hele kruidnagels
- 3 inch stokje kaneel
- 3 kopjes water
- Slagroom
- Gemalen kaneel

Routebeschrijving

a) Combineer 1/3 kopje oploskoffie, 3 eetlepels suiker, kruidnagel, kaneelstokje en water.

b) Dek af, breng aan de kook. Haal van het vuur en laat afgedekt ongeveer 5 minuten staan om te trekken.

c) Deformatie. Giet het mengsel in kopjes en garneer elk kopje met een lepel slagroom. Voeg een scheutje kaneel toe.

63. Kaneel-espresso

Ingrediënten:
- 1 kop Koud water
- 2 eetlepels Gemalen espressokoffie
- 1/2 Kaneelstokje (3 "lang)
- 4 theelepel Crème de Cacao
- 2 theelepels Brandewijn
- 2 eetlepels Slagroom, gekoeld Geraspte halfzoete chocolade om te garneren

Routebeschrijving

a) Gebruik uw espressomachine voor deze of echt sterke koffie met een kleine hoeveelheid gefilterd water.

b) Breek een kaneelstokje in kleine stukjes en voeg toe aan de hete espresso.

c) Laat 1 minuut afkoelen.

d) Voeg crème de cacao en cognac toe en roer voorzichtig. Giet in demitasse

e) Kopjes. Klop de room op en drijf wat room op elk kopje. Garneer met geraspte chocolade of chocoladekrullen.

64. Mexicaanse gekruide koffie

Ingrediënten:
- 3/4 kopje bruine suiker, stevig verpakt
- 6 Kruidnagelen
- 6 Julienne plakjes sinaasappelschil
- 3 Kaneelstokjes
- 6 Eetlepels sp. Echte gezette koffie

Routebeschrijving

a) Verhit in een grote pan 6 kopjes water met de bruine suiker, kaneelstokjes en kruidnagels op middelhoog vuur tot het mengsel heet is, maar laat het niet koken. Voeg de koffie toe en breng het mengsel, af en toe roerend, gedurende 3 minuten aan de kook.

b) Zeef de koffie door een fijne zeef en serveer in koffiekopjes met de sinaasappelschil.

65. Vietnamese eierkoffie

Ingrediënten:

- 1 ei
- 3 theelepels Vietnamese koffiepoeder
- 2 theelepels gezoete gecondenseerde melk
- Kokend water

Routebeschrijving

a) Zet een klein kopje Vietnamese koffie.

b) Breek een ei en gooi het eiwit weg.

c) Doe de dooier en de gezoete gecondenseerde melk in een kleine, diepe kom en klop krachtig tot je een schuimig, luchtig mengsel krijgt zoals hierboven.

d) Voeg een eetlepel van de gezette koffie toe en klop het erdoor.

e) Giet je gezette koffie in een doorzichtig koffiekopje en voeg het luchtige eimengsel er bovenop.

66. Turkse koffie

Ingrediënten:
- 3/4 kopje water
- 1 Eetlepels Suiker
- 1 Eetlepels Verpulverde koffie
- 1 Kardemompeul

Routebeschrijving
a) Breng water en suiker aan de kook.
b) Haal van het vuur en voeg koffie en kardemom toe
c) Roer goed en zet terug op het vuur.
d) Wanneer de koffie schuimt, haal dan van het vuur en laat het koffiedik bezinken.
e) Herhaal nog twee keer. Giet in kopjes.
f) Het koffiedik moet bezinken voordat het wordt gedronken.
g) Je kunt de koffie serveren met de kardemompeul in het kopje naar keuze

Turkse koffietips
h) Moet altijd geserveerd worden met schuim erop
i) U kunt vragen dat uw koffie wordt gemalen voor Turkse koffie; het is een poederconsistentie.

j) Roer niet nadat u het in kopjes heeft gegoten, omdat het schuim dan inzakt
k) Gebruik bij het bereiden altijd koud water
l) Room of melk wordt nooit aan Turkse koffie toegevoegd; suiker is echter optioneel

67. Pompoen gekruide lattes

Ingrediënten:
- 2 eetlepels pompoen uit blik
- 1/2 theelepel pompoentaartkruiden, plus meer om te garneren
- Vers gemalen zwarte peper
- 2 eetlepels suiker
- 2 eetlepels puur vanille-extract
- 2 kopjes volle melk
- 1 tot 2 shots espresso, ongeveer 1/4 kopje
- 1/4 kopje slagroom, opgeklopt tot er stevige pieken ontstaan

Routebeschrijving

a) Verhit de pompoen en de kruiden: Kook de pompoen in een kleine pan op middelhoog vuur met de pompoentaartkruiden en een flinke portie zwarte peper gedurende 2 minuten of tot hij heet is en gaar ruikt. Roer voortdurend.

b) Voeg de suiker toe en roer tot het mengsel op een bubbelende dikke siroop lijkt.

c) Klop de melk en het vanille-extract erdoor. Verwarm zachtjes op middelhoog vuur en let goed op dat het niet overkookt.
d) Verwerk het melkmengsel voorzichtig met een staafmixer of in een traditionele blender (houd het deksel stevig vast met een dikke prop handdoeken!) tot het schuimig en gemengd is.
e) Mix de dranken: Zet de espresso of koffie en verdeel deze over twee mokken en voeg de opgeschuimde melk toe.
f) Werk af met slagroom en eventueel wat pompoentaartkruiden, kaneel of nootmuskaat.

68. Karamel latte

Ingrediënten:
- 2 ons espresso
- 10 ons melk
- 2 eetlepels zelfgemaakte karamelsaus plus meer om te besprenkelen
- 1 eetlepel suiker (optioneel)

Routebeschrijving

a) Giet de espresso in een mok.
b) Doe de melk in een grote glazen of glazen pot en zet hem 30 seconden in de magnetron tot hij erg heet is maar niet kookt.
c) U kunt de melk ook ongeveer 5 minuten in een pan op middelhoog vuur verwarmen tot deze zeer heet is, maar niet kookt, en let er goed op.
d) Voeg de karamelsaus en suiker (indien gebruikt) toe aan de hete melk en roer tot ze zijn opgelost.
e) Schuim de melk met een melkopschuimer op tot je geen belletjes meer ziet en je een dik schuim hebt, 20 tot 30 seconden. Draai het glas rond en tik er herhaaldelijk lichtjes mee op het aanrecht om de grotere bubbels te laten knappen. Herhaal deze stap indien nodig.

f) Gebruik een lepel om het schuim tegen te houden en giet de melk in de espresso. Schep het resterende schuim erop.

FRAPPUCCINO EN CAPPUCINO

69. Karamel Frappuccino

Ingrediënten:
- 1/2 kopje koude koffie
- 3 eetlepels suiker
- 1/2 kopje melk
- 2 kopjes ijs
- Slagroom: gebruik de soort slagroom die je er bovenop kunt spuiten
- 3 eetlepels karamelijscoupesaus

Routebeschrijving
a) Combineer alle ingrediënten in een blender
b) Meng de drank tot het ijs verbrijzeld is en de drank glad is
c) Serveer in gekoelde koffiemokken met slagroom en de karamelsaus erover gemotregend.

70. Frambozenfrappuccino

Ingrediënten:
- 2 kopjes gemalen ijsblokjes
- 1 1/4 kopjes extra sterke gezette koffie
- 1/2 kopje melk
- 2 eetlepels vanille- of frambozensiroop
- 3 Eetlepels chocoladesiroop
- Slagroom

Routebeschrijving
a) Combineer ijsblokjes, koffie, melk en siropen in een blender.
b) Blend tot het mooi glad is.
c) Giet in gekoelde hoge serveermokken of frisdrankfonteinglazen.
d) Bestrijk met slagroom, besprenkel chocolade en frambozensiroop erover.
e) Voeg eventueel een maraschinokers toe

71. Koffie milkshake

Ingrediënten:
- 2 kopjes melk
- 2 eetlepels suiker
- 2 theelepels Instantkoffie
- 3 eetlepels Vanille-ijs
- Sterke koffie die koud is

Routebeschrijving

a) Voeg alle ingrediënten in de blender toe in de aangegeven volgorde en mix op hoge snelheid tot een mengsel blended.
b) Serveer in frisdrankfonteinglazen.

72. Mokka Frappe

Ingrediënten:
- 18 ijsblokjes (maximaal 22)
- 7 oz. Dubbele sterkte koffie, gekoeld
- 1/2 kopje chocoladesaus (of siroop)
- 2 Eetlepels Vanillesiroop
- Slagroom

Routebeschrijving

a) Gebruik een blender.
b) Doe ijs, koffie, chocoladesaus en siroop in de blender. Mixen tot een gladde substantie. Giet het in een groot, hoog, gekoeld frisdrankfonteinglas.
c) Garneer met een toefje slagroom of een bolletje ijs.

73. Instant Karamel Frappuccino

Ingrediënten:
- 1/3 glas ijs
- 1/3 glas melk
- 1 Eetlepel oploskoffie
- 2 Eetlepels karamelsiroop

Routebeschrijving
a) Meng alle ingrediënten in een blender tot het ijs fijngemalen is en de melk schuimig is.
b) Serveer onmiddellijk.

74. Mangofrappe

Ingrediënten:
- 1 1/2 kopjes mango, in stukken gesneden
- 4-6 ijsblokjes
- 1 kopje melk
- 1 Eetlepels Citroensap
- 2 Eetlepels suiker
- 1/4 theelepel vanille-extract

Routebeschrijving
a) Plaats de gesneden mango gedurende 30 minuten in de vriezer
b) Combineer mango, melk, suiker, citroensap en vanille in een blender. Mixen tot een gladde substantie.
c) Voeg ijsblokjes toe en verwerk totdat ook de blokjes glad zijn.
d) Serveer onmiddellijk.

75. Café Cappuccino

Ingrediënten:
- 1/2 kop oploskoffie
- 3/4 kopje suiker
- 1 kopje magere droge melk
- 1/2 theelepel gedroogde sinaasappelschil

Routebeschrijving

a) Plet de gedroogde sinaasappelschillen in een vijzel en stamper

b) Gebruik 2 eetlepels voor elke kop heet water

76. Cappuccinoshake

Ingrediënten:
- 1 kopje magere melk
- 1 1/2 theelepel oploskoffie
- 2 pakjes kunstmatige zoetstof
- 1/4 ounce cognac- of rumsmaakstof
- 1 scheutje kaneel

Routebeschrijving
a) Meng in een blender melk, koffie, zoetstof en cognac- of rumextract.
b) Blend tot de koffie is opgelost.
c) Serveer met een scheutje kaneel.
d) Voor een warm drankje verwarm je het in de magnetron.

77. Romige cappuccino

Ingrediënten:
- 1/4 kopje instant espresso of instant donker gebrande koffie
- 2 kopjes kokend water
- 1/2 kop zware room, opgeklopt
- Kaneel, nootmuskaat of fijn geraspte sinaasappelschil
- Suiker

Routebeschrijving
a) Los de koffie op in kokend water en giet het in kleine, hoge kopjes.
b) Slechts voor de helft gevuld.

Voeg een scheutje toe:
a) Kaneel, nootmuskaat of fijn geraspte sinaasappelschil
b) Spatel de room door de koffie.

78. Bevroren cappuccino

Ingrediënten:
- 2 bolletjes Vanille Frozen Yogurt- Divided
- 1/2 kop Melk
- 1 eetlepels Hershey's chocoladepoeder
- 1 1/2 theelepel oploskoffiekorrels

Routebeschrijving

a) Doe 1 maatschepje van de yoghurtijs, de melk, het chocoladepoeder en het koffiegranulaat in een keukenmachine of blender.
b) Verwerk 30 seconden of tot het glad is.
c) Giet het in een hoog frisdrankfonteinglas.
d) Bestrijk met het resterende bolletje yoghurt .

FRUITIGE KOFFIE

79. Frambozen Koffie

Ingrediënten:
- 1/4 kopje bruine suiker
- Koffiedik voor een pot gewone koffie met 6 kopjes
- 2 theelepels frambozenextract

Routebeschrijving

a) Doe het frambozenextract in de lege koffiepot
b) Doe bruine suiker en koffiedik in het koffiefilter
c) Voeg de 6 kopjes water toe aan de bovenkant en zet de pot.

80. Kerst koffie

Ingrediënten:
- 1 pot koffie (equivalent van 10 kopjes)
- 1/2 kopje suiker
- 1/3 kopje water
- 1/4 kop ongezoete cacao
- 1/4 theelepel kaneel
- 1 snufje geraspte nootmuskaat
- Slagroom voor de topping

Routebeschrijving
a) Zet een pot koffie klaar.
b) Verhit het water in een middelgrote pan tot een laag kookpunt. Voeg suiker, cacao, kaneel en nootmuskaat toe.
c) Breng het geheel opnieuw ongeveer een minuut aan de kook, terwijl u af en toe roert.
d) Combineer het koffie- en cacao-/kruidenmengsel en serveer met slagroom.

81. Rijke kokoskoffie

Ingrediënten:
- 2 kopjes Half en half
- 15 oz. Kan crème van kokosnoot
- 4 kopjes Heet gezette koffie
- Gezoete slagroom

Routebeschrijving
a) Breng de halve en halve kokosroom aan de kook in een pan op middelhoog vuur, onder voortdurend roeren.
b) Koffie erdoor roeren.
c) Serveer met gezoete slagroom.

82. Chocolade Bananen Koffie

Ingrediënten:
- Maak een kan van 12 kopjes gewone koffie

- Voeg 1/2-1 theelepel bananenextract toe

- Voeg 1-11/2 theelepel cacao toe

Routebeschrijving
a) Combineren
b) Zo eenvoudig... en perfect voor een huis vol gasten

83. Koffie uit het Zwarte Woud

Ingrediënten:
- 6 ons. Vers gezette koffie
- 2 Eetlepels Chocoladesiroop
- 1 Eetlepels Maraschino-kersensap
- Slagroom
- Geschoren chocolade
- Maraschino Kersen

Routebeschrijving
a) Meng de koffie, de chocoladesiroop en het kersensap in een kopje. Goed mengen.
b) Bestrijk met slagroom, chocoladeschaafsel en een kers of 2.

84. Maraschino-koffie

Ingrediënten:
- 1 kopje zwarte koffie
- 1 ons. Amaretto
- Opgeklopte topping
- 1 Maraschino-kers

Routebeschrijving
a) Vul een koffiemok of kopje met hete zwarte koffie. Roer de amaretto erdoor.
b) Top met opgeklopte topping en een kers.

85. Chocolade Amandel Koffie

Ingrediënten:
- 1/3 kop Gemalen koffie
- 1/4 theelepel Versgemalen nootmuskaat
- 1/2 theelepel Chocolade-extract
- 1/2 theelepel amandelextract
- 1/4 kopje geroosterde amandelen, gehakt

Routebeschrijving

a) Verwerk nootmuskaat en koffie, voeg extracten toe. Verwerk 10 seconden langer. Doe in een kom en roer bij amandelen. Bewaar in de koelkast.

b) Maakt 8 porties van 6 ounce. Om te zetten: Plaats het mengsel in het filter van een automatisch druppelkoffiezetapparaat.

c) Voeg 6 kopjes water toe en brouw

86. Koffie frisdrank

Ingrediënten:
- 3 kopjes gekoelde koffie van dubbele sterkte
- 1 Eetlepels Suiker
- 1 kopje Half en half
- 4 bolletjes (1 pint) koffie-ijs
- 3/4 kopje gekoelde frisdrank
- Gezoete slagroom
- 4 Maraschino-kersen,
- Garnering-chocoladekrullen of cacao

Routebeschrijving
a) Combineer het koffie- en suikermengsel in de helft en de helft.
b) Vul 4 hoge frisdrankglazen voor de helft met het koffiemengsel
c) Voeg een bolletje ijs toe en vul de glazen tot de rand met de frisdrank.
d) Garneer met de slagroom, chocolade of cacao.
e) Geweldige traktatie voor feestjes
f) Gebruik een cafeïnevrij drankje voor feestjes met jongeren

87. Weense koffie

Ingrediënten:

- 2/3 kopje droge oploskoffie
- 2/3 kopje suiker
- 3/4 kop gepoederde zuivelvrije creamer
- 1/2 theelepel kaneel
- Strooi elk van de gemalen piment, kruidnagel en nootmuskaat.

Routebeschrijving

a) Meng alle ingrediënten door elkaar en bewaar in een luchtdichte pot.
b) Meng 4 theelepels met een kopje heet water.
c) Dit is een prachtig cadeau.
d) Doe alle ingrediënten in een inmaakpot.
e) Versier met een lint en hanglabel.
f) Op de hangtag moeten de menginstructies zijn getypt.

88. Espresso Romano

Ingrediënten:
- 1/4 kopje fijngemalen koffie
- 1 1/2 kopjes koud water
- 2 reepjes Citroenschil

Routebeschrijving
a) Doe gemalen koffie in het filter van een koffiekan
b) Voeg water toe en zet het mengsel volgens de instructies voor het machinaal zetten
c) Voeg citroen toe aan elke kop
d) Dienen

KOFFIE MIXEN

89. Koffie verkeerd

Ingrediënten:
- 1 kopjes Melk
- 1 kopjes Lichte crème
- 3 Eetlepels Oploskoffie
- 2 kopjes kokend water

Routebeschrijving

a) Verwarm op laag vuur de melk en de room tot ze heet zijn. Los ondertussen de koffie op in kokend water. Voor het serveren het melkmengsel met de roterende klopper tot schuim kloppen. Giet het melkmengsel in een verwarmde kan en de koffie in een aparte kan.

b) Serveren: Vul kopjes door tegelijkertijd uit beide kannen te gieten, zodat de stromen elkaar ontmoeten terwijl u giet.

c) Deze koffie is een prachtige presentatie en een heerlijke traktatie.

90. Instant oranje cappuccino

Ingrediënten:
- 1/3 kop Poedervormige niet-zuivelcreamer
- 1/3 kopje suiker
- 1/4 Droge oploskoffie
- 1 of 2 oranje harde snoepjes (gemalen)

Routebeschrijving
a) Meng alle ingrediënten samen in de mixer.
b) Meng 1 eetlepel met 3/4 kopje heet water.
c) Bewaren in een luchtdichte pot.

91. Zwitserse stijl mokkamix

Ingrediënten:
- 1/2 kop Instantkoffiekorrels
- 1/2 kopje suiker
- 2 Eetlepels Cacao
- 1 kopje magere droge melkpoeder

Routebeschrijving
a) Voeg alles bij elkaar en meng goed. Bewaar het mengsel in een luchtdichte verpakking.
b) Voor elke portie:
c) Plaats 1 eetlepel + 1 theelepel. van het mengsel in een kopje.
d) Voeg 1 kopje kokend water toe en roer goed.

92. Instant romige Ierse koffie

Ingrediënten:

- 1 1/2 kopje warm water
- 1 eetlepels oploskoffiekristallen
- 1/4 kopje Ierse whisky
- Bruine suiker naar smaak
- Opgeklopte topping

Routebeschrijving

a) Meng in een maatbeker van 2 kopjes water en oploskoffiekristallen. Magnetron, onafgedekt, op 100% vermogen, ongeveer 4 minuten of gewoon tot het stomen.

b) Roer de Ierse whisky en bruine suiker erdoor. Serveer in mokken.

c) Bestrijk elke mok met opgeklopte topping.

93. Mokka koffiemix

Ingrediënten:
- 1/4 kop Poedervormige niet-zuivelcreamer
- 1/3 kopje suiker
- 1/4 kop Droge oploskoffie
- 2 eetlepels. Cacao

Routebeschrijving

a) Doe alle ingrediënten in de mixer, klop op de hoogste stand tot alles goed gemengd is. Meng 1 1/2 eetlepels
b) met een kop heet water.
c) Bewaren in een luchtdichte pot. Zoals een inmaakpot.

94. Mokka oploskoffie

Ingrediënten:
- 1 kopje Instantkoffiekristallen
- 1 kopje warme chocolademelk of cacaomix
- 1 kop Zuivelvrije creamer
- 1/2 kopje suiker

Routebeschrijving

a) Combineer alle ingrediënten; Meng grondig. Bewaar in een goed afgesloten pot. Probeer een inmaakpot.

b) Serveren: Doe 1 1/2 - 2 eetlepels in een kopje of mok.

c) Roer kokend water erdoor om het kopje te vullen.

d) Maakt 3 1/2 kopjes koffiemix of ongeveer 25 of meer porties.

95. Weense koffiemix

Ingrediënten:
- 2/3 kop (karige) droge oploskoffie
- 2/3 kopje suiker
- 3/4 kop Poedervormige niet-zuivelcreamer
- 1/2 theelepel kaneel
- streepje Gemalen piment
- scheutje kruidnagel
- scheutje nootmuskaat

Routebeschrijving
a) Meng alle ingrediënten en bewaar in een luchtdichte pot.
b) Meng 4 theelepels met 1 kopje heet water.

96. Slaapmutsje Koffiemix

Ingrediënten:
- 2/3 kop Nondairy koffiecreamer
- 1/3 kopje Instant Decaf koffiekorrels
- 1/3 kopje kristalsuiker
- 1 theelepel Gemalen kardemom
- 1/2 theelepel Gemalen kaneel

Routebeschrijving

a) Combineer alle ingrediënten in een middelgrote kom; roer tot het goed gemengd is.
b) Bewaren in een luchtdichte verpakking. Geeft 1 1/3 kopjes koffiemix
c) Schep 1 volle eetlepel koffiemix in 8 ounces heet water. Roer tot het goed gemengd is.

97. Cappuccinomix

Ingrediënten:

- 6 theelepels Instantkoffie
- 4 Eetlepels Ongezoete cacao
- 1 theelepel Gemalen kaneel
- 5 eetlepels suiker
- Slagroom

Routebeschrijving

a) Meng alle ingrediënten.
b) Om één portie koffie te maken, gebruikt u 1 eetlepel mengsel en doet u dit in een grote mok; giet er $1\frac{1}{2}$ kopje kokend water over en roer.
c) Top met slagroom

98. Café Cappuccinomix

Ingrediënten:
- 1/2 kop Instantkoffie
- 3/4 kopje suiker
- 1 kopje magere melkpoeder
- 1/2 theelepel Gedroogde sinaasappelschil

Routebeschrijving

a) Maal de gedroogde sinaasappelschil fijn met een vijzel en stamper. Roer alle ingrediënten door elkaar.
b) Gebruik een blender om te combineren, tot poeder.
c) Voor elke portie:
d) Gebruik 2 eetlepels voor elke kop heet water.
e) Maakt ongeveer 2 1/4 kopjes mix.

99. Louisiana Café met melk

Ingrediënten:
- 2 kopjes Melk
- Suiker
- 1 kopje Louisiana-koffie

Routebeschrijving
a) Doe de melk in de pan; aan de kook brengen.
b) Giet hete, vers gezette koffie en melk tegelijkertijd in kopjes; zoeten met suiker naar smaak.

100. West-Indische koffie

Ingrediënten:
- 3 1/2 kopjes volle melk
- 1/4 kopje oploskoffie
- 1/4 kopje bruine suiker
- 1 scheutje zout

Routebeschrijving
a) Doe de oploskoffie, bruine suiker en zout in je mok.
b) Breng de melk voorzichtig tot het net begint te koken. Roer om op te lossen.
c) Serveer in zware mokken.
d) Maakt 4 porties.

CONCLUSIE

Er zijn miljoenen mensen die simpelweg van de smaak van koffie houden. Deze smaak is voor iedere koffiedrinker anders vanwege de grote verscheidenheid aan koffiesmaken, brandingen en varianten die op de markt verkrijgbaar zijn. Sommige mensen houden van een diepdonkere koffiesmaak, terwijl andere mensen houden van een lichtere koffiebranding die zacht en zacht is. Ongeacht de smaak worden mensen verleid tot hun kopje koffie in de ochtend. De belangrijkste redenen waarom mensen koffie drinken, zijn net zo gevarieerd als de soorten koffie die beschikbaar zijn om te drinken. Ongeacht de redenen waarom mensen koffie drinken, komt het qua consumptie op de tweede plaats na water en elke dag groeit het aantal koffiedrinkers enorm, waardoor hun eigen redenen om het te drinken aan de lijst worden toegevoegd.

Als je een koffieliefhebber of een nieuwe bekeerling bent, zal dit kookboek een grote bijdrage leveren aan het verdiepen van je liefde voor koffie!

Veel brouwplezier!

www.ingramcontent.com/pod-product-compliance
Lightning Source LLC
Chambersburg PA
CBHW070402120526
44590CB00014B/1219